BESANÇON

ET

SON ÉTAT SANITAIRE

ESQUISSE CRITIQUE D'HYGIÈNE LOCALE

PAR

LE Dr LÉON CHAPOY

PROFESSEUR À L'ÉCOLE DE MÉDECINE

CHIRURGIEN-ADJOINT DE L'HÔPITAL SAINT-JACQUES, ETC.

BESANÇON

IMPRIMERIE ET LITHOGRAPHIE DE PAUL JACQUIN

Grande-Rue, 14, à la Vieille-Intendance

1890

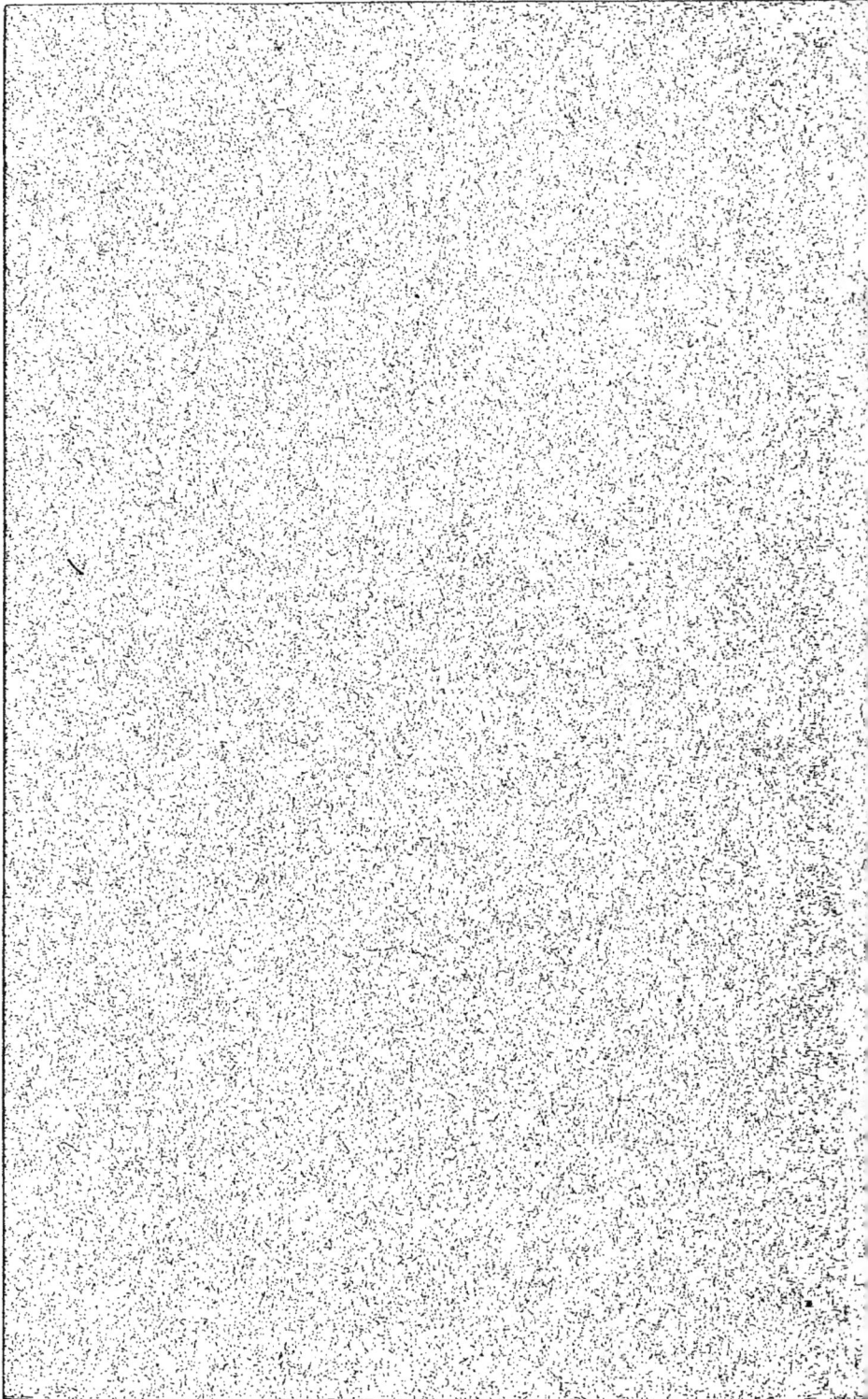

BESANÇON

ET SON ÉTAT SANITAIRE

ESQUISSE CRITIQUE D'HYGIÈNE LOCALE

MESSIEURS [1],

L'ordre du jour de nos séances devant, d'après le règlement adopté, comporter régulièrement l'étude des maladies régnantes, j'ai demandé, à défaut d'autres propositions, à vous entretenir de l'état sanitaire de la ville de Besançon.

Mon but n'est pas, tant s'en faut, de faire un travail approfondi sur ce sujet, mais de vous soumettre quelques idées générales, d'appeler des renseignements précis et de provoquer une discussion profitable à la santé et à la tranquillité publiques dans notre localité. Je me hâte de dire que si j'ai à contester des faits et à attaquer des opinions, j'entends ne faire aucune personnalité et rester sur le terrain de la plus parfaite courtoisie. De plus, je déclare que je n'apporte ici que mes réflexions personnelles et que je mettrai à les exposer une entière bonne foi ; bien résolu du

[1] Lecture faite à la Société de médecine de Besançon et de la Franche-Comté, en janvier 1888.

reste à les défendre en toutes circonstances avec énergie ; à les faire triompher, si, comme je le crois, je suis dans le vrai ; mais aussi à les sacrifier simplement et complètement, s'il m'est démontré que j'ai tort dans le débat qui va s'ouvrir.

La question sur laquelle j'appelle votre bienveillante attention est pleine d'actualité. Vous avez pu comme moi, en effet, dans nos feuilles bisontines, dans quelques revues, voire même dans des opuscules ou dans des sociétés diverses, lire des travaux d'hygiène ou entendre des communications et des conférences médicales ayant trait aux maladies de notre population et représentant notre pauvre cité comme un foyer pestilentiel de premier ordre, un centre incomparable de pullulation des germes morbides. Si la génération spontanée n'avait été blessée à mort par Pasteur, on s'attendrait à voir quelques-uns de nos confrères tenter de la faire revivre, et déclarer que la capitale de la Comté est aussi celle des maladies infectieuses et contagieuses, et qu'on doit inscrire sur ses portes et sur ses monuments : Berceau des microbes, tombeau des humains !

Je n'aurai garde de prendre le contre-pied de ce qu'ont avancé les auteurs des articles, mémoires ou discours que je vise en ce moment. Quel que soit mon amour pour l'*alma mater*, je ne le pousse pas jusqu'à l'aveuglement : aussi, tout en restant épris des avantages de ma ville natale, je reconnais volontiers qu'elle a par-ci par-là de désagréables cicatrices. J'ai beau me dire que, vu son grand âge, elle est plus sujette que bien d'autres aux affections épidémiques — car l'inverse existe pour les individus et pour les agglomérations, — je n'en demeure pas moins convaincu qu'elle pourrait, avec plus de précautions, éviter de fâcheux contretemps. Seulement, ce que je ne saurais admettre, c'est qu'en raison de quelques accidents passa-

gers, on conclue à une infirmité permanente. C'est là une in-
exactitude évidente : j'ajouterai que c'est une imprévoyance
qui a son danger. Parce qu'une ville, comme un particulier, est malade de temps en temps, on n'est point en droit
d'affirmer qu'elle a une constitution déplorable, et quand
elle meurt déjà d'inanition, il est au moins téméraire, par
une interprétation hasardée des symptômes, d'en faire un
objet de répulsion et de la mettre presque en quarantaine.

La médecine, dira-t-on, est au-dessus de ces questions
de mercantilisme. Je répondrai que je considère comme
indigne du médecin et comme coupable de sa part tout
acte ou tout écrit pouvant favoriser une localité au détri-
ment de la santé publique, que son silence même serait
répréhensible ; — et certes ce n'est point ce reproche que
j'ai à formuler contre ceux de nos confrères qui se sont
occupés de l'hygiène bisontine ; — mais j'ajouterai que
lorsque rien ne motive d'une façon absolue des réclama-
tions éclatantes, il est peut-être plus prudent de ne point
jeter l'alarme dans les masses si promptes à s'affoler, et plus
logique d'obtenir d'une municipalité ce qui est vraiment
utile et aisément possible, que de demander en vain des
réformes discutables dans leur principe, douteuses dans
leurs résultats, et avant tout pécuniairement irréalisables.

Une chose me frappe tout d'abord. Ce sont les médecins
récemment arrivés parmi nous qui ont eu l'occasion de
voir, en quelques années à peine, plus de maladies contagieuses que tous leurs prédécesseurs, et qui, se basant sur
des diagnostics sans doute rigoureusement exacts, sur des
statistiques probablement aléatoires et des comparaisons
sans termes identiques, ont classé notre ville parmi les
plus insalubres. Cette conviction de quelques-uns, — qu'elle
invoque pour point d'appui la fièvre typhoïde, les fièvres
éruptives ou la diphthérie, — je ne la suppose ni bien enra-

cinée, ni surtout bien légitime chez ceux qui la possèdent : je sais en outre que cette thèse n'est pas généralement soutenue et qu'elle est formellement contredite par plusieurs.

J'ai en effet consulté un certain nombre de nos confrères exerçant à Besançon depuis une époque déjà lointaine, et j'ai vu avec une satisfaction réelle que leurs conclusions ne diffèrent pas sensiblement de celles que j'établis de par moi, sur une période de quatorze ans d'exercice professionnel, de quatre ans d'études préalables à notre hôpital et sur mes souvenirs les plus anciens. Bien des travaux précédents, dont je pourrais citer des extraits, corroborent ma manière de voir. Je me réserve de les rappeler, s'il est nécessaire, dans des discussions ultérieures.

Nous sommes loin, Dieu merci, des pestes graves de 1631 et 1636 qui ravagèrent notre arrondissement. — Nous ne voyons plus la fièvre adynamique et la dysenterie tuer en peu de temps, comme en 1794, 3,242 militaires, en épargnant, il est vrai, les civils. — Nous avons bénéficié dans le début de ce siècle de la vaccine, et la variole, qui produisait régulièrement les 2/11 de la mortalité et qui en 1801 avait causé une épidémie épouvantable, a totalement disparu et ne tend à nous atteindre que dans des circonstances exceptionnelles. Aussi le docteur Cl.-Ant. Barrey, secrétaire général de la Société de médecine de Besançon, pouvait-il écrire dès 1813, aussi et avec plus de vérité encore pouvons-nous dire : « Besançon est généralement exempt de maladies épidémiques (1). »

Peut-être cette phrase amènera-t-elle un sourire sur quelques lèvres ; je me contenterai alors de renvoyer ceux à qui elle aura procuré une joie si facile à la lecture du

---

(1) Cl.-Ant. BARREY, *Mémoire sur les maladies épidémiques*, p. 62. — Besançon, Félix Charmet, 1813.

Mémoire sur les maladies épidémiques de 1813, profondément marqué au coin des doctrines contagionistes. Ils y trouveront, à côté d'erreurs inévitables dues aux idées du moment, des aperçus judicieux, des observations exactes qui pourraient encore servir de modèles, et des conclusions pleines à la fois d'une généreuse audace qu'il est permis d'avoir à toute époque, et d'une sage réserve qu'il est bon d'avoir dans tous les temps.

Ce préambule était nécessaire pour vous exposer nettement la nature de la discussion à laquelle j'ai l'honneur de vous convier. — Je résume en quelques mots les points que je me propose de traiter dans ma communication.

1° La ville de Besançon — d'une façon générale — peut-elle être considérée comme insalubre ?

2° Est-ce aux maladies contagieuses proprement dites, ou à d'autres maladies, qu'on doit attribuer la mortalité observée chez ses habitants ?

3° Quels sont les moyens à employer pour amener une diminution des décès ?

Un travail de statistique publié sous les auspices de la municipalité et avec le concours éclairé d'un de nos honorables confrères (1) me prêtera l'aide de ses chiffres ; mais je m'empresse de déclarer que ces derniers sont parfois discutables — les auteurs le reconnaissent eux-mêmes — et que les conclusions du rapport diffèrent sensiblement de celles que j'apporte dans cette réunion (2).

---

(1) M. le docteur Baudin.

(2) Je regrette que dans ce travail, fort intéressant d'ailleurs et fort bien édité, on ait trop appelé l'attention sur un état d'exception qui s'est offert en 1886, au lieu de faire ressortir que d'habitude Besançon occupe un très bon rang parmi les villes atteintes de maladies épidémiques.

Chacun de vous, Messieurs, viendra, je l'espère, apporter son contingent à cette étude comme je le fais moi-même; chacun formulera sa manière de voir : mais je suis persuadé d'avance que des divers exposés ressortira une plus juste appréciation des causes de mortalité à Besançon et que, tout en constatant combien l'hygiène publique laisse encore à désirer, nous attribuerons en dernier examen une plus grande importance aux fautes individuelles contre l'hygiène privée.

Pour arriver à une solution satisfaisante du problème, j'étudierai successivement en trois chapitres :

a) Besançon en tant que climat d'abord, et en tant que ville ensuite ;

b) La population bisontine et les maladies qui la frappent le plus ;

c) La statistique comparée des causes des décès et les règles à suivre pour en faire disparaître ou en atténuer les effets.

Mes conclusions découleront de ces trois ordres de recherches.

I.

Besançon considéré comme climat et comme ville.

Nous connaissons tous assez le lieu que nous habitons pour que je sois aussi succinct que possible sur ce point. Certains détails cependant me semblent indispensables.

A) BESANÇON-CLIMAT

Besançon, situé à 250 mètres (à la partie basse) et à 368 mètres (à la citadelle) au-dessus du niveau de la mer, correspond au 47°13'45" de latitude nord et au 3°42'30" de longitude est du méridien de Paris. Il est arrosé par le Doubs, qui le divise en deux cantons, l'un au sud et l'autre au nord, et forme ainsi une sorte de fer à cheval autour du premier : il appartient au climat rhodanien. (Martins.)

Des observations répétées ont établi qu'il n'y avait par an que 75 jours sereins contre 120 de pluie, 198 nuageux, 12 d'orage, 25 de grêle et 15 de neige; que la pression est de 740^{mm} en moyenne, que les vents y soufflent 202 jours, principalement le vent du S.-S.-O. (137 à 220 fois par an) et le vent du N. (97 fois par an).

La température varie en moyenne de — 10 à + 32, mais elle peut tomber à — 22.

L'hiver est long et dure cinq mois; il est rigoureux. L'été est court et chaud : il n'est que de deux mois. L'automne dure deux mois également et est généralement beau. Le printemps persiste trois mois, mais est très variable.

Les conditions météorologiques de Besançon sont donc loin d'être favorables à l'emplacement d'une ville. Humidité considérable, agitation incessante de l'air, pluies fréquentes, neiges abondantes, ouragans même, changements brusques et très notables de température ; voilà, certes, des conditions climatériques extrêmement fâcheuses ; mais il faut bien se rendre compte que tant qu'un *oppidum* sera nécessaire — et Dieu seul sait quand on pourra s'en passer — l'homme n'aura pas absolument le choix de planter sa tente dans un Eden, et les peuples devront souvent, pour assurer leur sécurité, grouper leurs forces dans les endroits les moins favorisés par la nature. Combien d'autres villes sous ce rapport sont encore plus condamnables que la nôtre !

C'est pourquoi, du temps des Séquanes, Vesontio avait déjà acquis une certaine importance; c'est pourquoi les Romains, si profondément hygiénistes pourtant, l'avaient développée. Devenu depuis Louis XIV une place de guerre importante, Besançon, accru sous le rapport militaire, diminue actuellement de population par suite d'une crise industrielle, mais non parce que son climat est absolument dangereux, ni surtout, quoi qu'on en dise, parce que la ville en elle-même est meurtrière.

Les vicissitudes atmosphériques, nous venons de le voir, font de Besançon un centre climatérique défectueux qu'il ne nous appartient pas de modifier, mais contre les rigueurs duquel il nous est possible de réagir. Voyons si la ville renferme en elle-même des vices sérieux d'établissement constituant un danger réel.

B) BESANÇON-VILLE.

Besançon se trouve situé dans une vallée très sinueuse; il est dominé par de hautes montagnes et s'appuie au flanc de la citadelle dans sa partie sud, tandis qu'il s'étale dans sa partie nord en formant la banlieue des Chaprais. Des remparts extérieurs élevés et des fossés profonds lui donnent un aspect sévère. Leur disparition totale enlèvera, je le crains, à notre cité une grande partie de son caractère, sans lui donner une hygiène beaucoup plus complète; car sans s'opposer à une large ventilation, ils atténuent l'impétuosité des courants.

La partie nord repose sur un sol rocheux de 250 mètres que recouvre en partie un terrain d'alluvion dans le voisinage de la rivière. Elle se compose de deux parties : l'une ancienne, l'autre récente.

a) Partie ancienne. — A ses trois rues principales, qui convergent vers le pont de Battant, se sont joints des quais emplantés d'arbres, où de belles constructions ont remplacé les taudis anciens si pittoresques, mais si malsains, bâtis sur pilotis. Des rectifications irrégulières au point de vue de l'art, mais avantageuses au point de vue hygiénique; des squares, aux extrémités, ont donné à ces quartiers si tristes et si malpropres jadis un aspect plus plaisant. Les maisons, sauf celles de date récente, y sont généralement élevées, à allées étroites, à cours petites, parfois mal entretenues. Les latrines et les fosses d'aisances y laissent encore beaucoup à désirer. Néanmoins ce quartier, dans son ensemble, a subi des modifications si grandes, que l'on ne saurait le considérer, à l'heure présente, comme réellement insalubre.

b) Partie nouvelle. — A cette partie ancienne du nord de ville s'est surajoutée toute une petite ville formée par l'ancienne banlieue des Chaprais, considérablement agrandie. Il est regrettable que les édiles qui ont présidé au développement de cette importante colonie aient donné trop peu de largeur aux avenues pour que des arbres puissent y vivre quand des constructions y sont effectuées. Aucune idée d'ensemble n'a dirigé les travaux : les dégagements ont été opérés d'une façon incomplète et inintelligemment économique; les égouts dès lors n'ont point été tracés avec une pente et une direction favorables, si faciles à obtenir quand on considère l'emplacement de la cité nouvelle;

mais ici nous trouvons du moins dans de vastes jardins,
dans des appartements souvent très confortables, des conditions hygiéniques incontestables.

La partie sud a des assises calcaires de même ordre que
celles de la partie nord. Le terrain d'alluvion ne s'étend qu'à
une faible distance du cours d'eau.

On n'est pas encore absolument fixé sur l'origine exacte
et complète de l'eau que les puits forés dans les anciennes
maisons rencontraient avant d'arriver au terrain ooli-
thique, surtout dans la partie haute.

Quatre grandes rues longitudinales dirigées du nord-
ouest au sud-est, traversées par des voies assez nombreuses
qui leur sont perpendiculaires , mais qui malheureusement
ne vont pas d'un rempart à l'autre, permettent une aéra-
tion complète. Les maisons sont généralement mieux cons-
truites que dans le canton nord. Un quartier neuf, appelé
Saint-Amour, s'est fondé là où s'écroulaient des bâtisses
plus ou moins vermoulues que l'on y voyait encore en
1860, et un square parfaitement entretenu a remplacé les
jardins humides et les chantiers qu'on y trouvait à la
même époque.

Là encore l'hygiène a fait de sérieux progrès.

On a souvent reproché à Besançon l'absence de prome-
nades publiques : nous n'en sommes pourtant point privés,
quoiqu'elles laissent certains *desiderata*. — Il est regrettable, en effet, que Granvelle n'ait pas reçu dernièrement un
agrandissement plus sérieux, et que Micaud n'ait pas été
dès le principe surélevé d'un ou deux mètres. Avec le développement qu'on lui a donné et la possibilité de la pour-
suivre jusqu'au quai de Strasbourg d'une part, jusqu'au
pont du chemin de fer d'autre part, on aurait eu une promenade parfaite. — La promenade de Chamars, dont on
nous permettra de regretter sincèrement et surtout les

beaux platanes, a perdu presque tous ses grands arbres. Si
la disposition nouvelle a été barbare pour nous, elle créera
probablement pour nos petits-fils un ombrage agréable sur
un sol assaini. — Les eaux croupissantes qui s'étendaient
de l'ancienne poterne, située au nord, à la gare d'eau pla-
cée à l'autre extrémité de la promenade, ont disparu, de
même que le rempart intérieur. Là se déversaient, disons-
le en passant, les égouts de l'hôpital, actuellement prolon-
gés jusqu'à la rivière. — On a autant que possible, à l'aide
de déblais apportés et de la terre des remparts, exhaussé
le niveau primitif; mais les inondations viendront malheureusement encore, comme à Micaud, entretenir une
humidité dangereuse. — Pourquoi l'état de la caisse muni-
cipale ne permet-il pas d'entretenir avec tout le soin désai-
rable les magnifiques allées des Glacis?

Besançon est une des premières villes de France quant à
la quantité d'eau disponible pour chaque habitant. Les
eaux du Doubs ne servent absolument pas pour l'alimentation, quelle que soit du reste leur qualité en amont de la
ville.

Jusqu'en 1850 on se servait des eaux de Bregille, excel-
lentes à tous égards, et dont on a eu probablement tort
de priver la population bisontine. Comme ces eaux n'arrivaient que dans quelques quartiers, l'eau de puits servait
d'ordinaire; mais à partir de cette date on a imité les
Romains, et M. Convers étant maire de la ville, on a commencé à ramener l'eau d'Arcier à Besançon : cette eau,
d'après les constatations de Sainte-Claire-Deville, serait non
seulement une eau potable de bonne qualité, mais encore
occuperait, ainsi que M. le docteur Druhen aîné l'a enregis-
tré dans son travail sur les épidémies de fièvres typhoïdes,
le premier rang parmi toutes celles qui pourraient entrer
en concurrence avec elle.

Il est vrai qu'elle dépose après les grandes pluies un pré-
cipité qui laisse quelques doutes sur un captage absolument
exact ou sur l'intégrité des canaux vecteurs. Que de villes,
que de villages cependant, seraient heureux d'avoir en si
grande abondance une eau chimiquement aussi potable,
et cliniquement aussi peu malfaisante ! Cependant, nous le
verrons, cette eau a été mise en suspicion à un moment
donné et considérée comme ayant provoqué une épidémie
typhoïdique.

Grâce à la quantité considérable d'eau dont Besançon dis-
pose, nombre de fontaines publiques, bornes-fontaines,
bouches murales ou bouches sous-trottoirs servent à l'ar-
rosage des rues et au secours en cas d'incendie. Presque
toutes les maisons ont l'eau dans leur intérieur, et la plupart du temps à tous les étages.

Les égouts de Besançon sont l'objet aujourd'hui d'une
étude très active. Jamais, au dire de quelques-uns, aucune
ville n'a plus eu besoin d'une réforme radicale sous ce
rapport.

Assurément, des égouts plus profonds permettront un
drainage du sous-sol, empêcheront d'aussi redoutables
effets des inondations et rendront incontestablement un
service réel à notre hygiène urbaine. Des fosses étanches
établies partout, des vidanges faites avec les appareils as-
pirateurs pendant la nuit, des balayages des rues faits plus
à propos, sont les vœux de la population. Ce sont aussi les
nôtres ; mais peut-on espérer réaliser tous ces rêves à la
fois, et songe-t-on aux dangers qu'il y aurait à remuer
dans sa profondeur le sol bisontin depuis la porte Rivotte
à la place du Transmarchement, en suivant la courbe de la
rivière ?

Laissons les améliorations se continuer lentement, mais
sûrement ; j'en ai déjà signalé de nombreuses, il en est

d'autres encore. Aux progrès réalisés jusqu'à ce jour à Besançon, ne dois-je pas ajouter que les boucheries et les charcuteries y sont tenues avec une plus grande propreté ; que les abattoirs ont été transportés à une plus grande distance des grands quartiers, trop faible cependant de l'avis de beaucoup de personnes compétentes ; et que les cimetières sont l'objet d'une sollicitude toute particulière ?

Nous n'avons pas encore, il est vrai, de grands bains, surtout des bains de rivière, établis avec autant d'elégance que de bon marché, ni l'éclairage à l'électricité ; mais du moins chacun a l'eau en sa possession et peut l'utiliser, si le gaz continue à projeter sa clarté dans nos rues avec une médiocre prodigalité.

Je ne mentionnerai qu'en deux mots mes appréciations sur nos édifices publics.

Nos écoles sont actuellement dans des conditions d'air et de lumière qui ne laissent que peu de chose à désirer, sinon à ceux qui veulent absolument avoir des palais scolaires.

Nos casernes, de l'avis de nos confrères de l'armée, ne sont ni meilleures ni pires que celles des autres villes de France.

Nos églises, qui n'avaient, paraît-il, en 1876, qu'un seul tort, celui de ne pas être chauffées, le sont au moins de temps en temps maintenant, quand le mince budget des fabriques autorise cette dépense.

L'hospice départemental a subi des modifications extrêmement avantageuses dans ses différents services. Du reste, malgré l'agglomération qui semble devoir en faire un foyer de maladies contagieuses, toujours celles-ci s'y sont montrées très rares.

L'hôpital Saint-Jacques, quelles que soient les critiques qu'on soit en droit de lui adresser au nom des *desiderata* de la science actuelle, n'en demeure pas moins un des milieux les plus sains parmi tous ceux du même ordre; aussi peut-on affirmer que jamais épidémie n'y prend naissance, mais que toutes les affections contagieuses qu'on y a observées y ont été importées.

II.

De la population bisontine et de ses maladies principales.

A) DE LA POPULATION BISONTINE.

Le Bisontin dérive, à ce que dit l'histoire, des Séquanes et des Burgondes plus ou moins alliés, dans la suite des temps, aux Romains, aux Bourguignons, aux Allemands, aux Espagnols et aux Français. Il me serait assez difficile d'en donner le portrait authentique ; mais certains auteurs prétendent qu'il est lymphatico-sanguin, grand et vigoureux, moins cependant que les autres Comtois issus directement des Burgondes unis aux Séquanes ; parfois il est noir, petit, bilioso-sanguin. On l'a représenté comme défiant, égoïste, apte au commerce, enclin à l'avarice, et je crois plutôt qu'il est timide, réservé, soucieux de l'avenir. Quant à la Bisontine, on lui accorde une forte charpente, une taille élevée, une tendance sérieuse à l'obésité ; mais on lui refuse la grâce et le charme du visage ainsi que la violence des passions. Cette règle comporte de nombreuses exceptions.

Besançon comptait en 1886 environ 56,511 habitants, dont 5,122 hommes de garnison et un certain nombre d'é-

trangers, Suisses pour la plupart. La moyenne des naissances
dans les quarante années qui ont précédé 1886 a été de
1,173; celle des décès, de 1,421. La population tendrait
donc à diminuer promptement sans l'immigration.

Il ne naît en effet que 21,64 enfants par 1,000 habitants, tandis que la mortalité est d'environ 28 par
1,000.

On a cru remarquer que la race dégénérait et surtout
que la taille de l'homme s'abaissait de plus en plus ; mais
nous croyons que la limite de réduction est depuis longtemps
atteinte, ce qui n'arriverait point si, comme on s'est plu à
le dire, le Bisontin portait : « la peine d'une hygiène publique longtemps déplorable et d'une hygiène privée qui
marche au rebours du progrès (1). »

Un point plus important à signaler ici, c'est que d'après
l'annuaire statistique et démographique, Besançon serait
la vingt-neuvième ville de France pour la population, la
dix-neuvième pour la mortalité générale, et la huitième
pour les maladies épidémiques : fièvre typhoïde, variole,
rougeole, scarlatine, coqueluche, diphthérie et diarrhée
entérite.

Or, cette comparaison n'a été établie que pour 1886, année
où la fièvre typhoïde est accusée à elle seule d'avoir provoqué 116 décès. La moyenne ordinaire des décès par cette
maladie, moyenne que du reste je trouve surélevée, est de
41 seulement. Le rang de Besançon pourrait déjà, par ce
seul fait, être sensiblement modifié.

Quoi qu'il en soit, cette comparaison si désavantageuse a
été accueillie avec empressement par nombre de gens
étrangers à notre art, toujours portés à voir les choses

---

(1) Dr J. MEYNIER, *Etudes hygiéniques sur Besançon*, p. 45. — Besançon, Dodivers, 1876.

plus noires qu'elles ne le sont et à répandre la terreur autour d'eux.

Plus une calomnie est difficile à croire,
Plus pour la colporter les sots ont de mémoire.

Dès lors, il devient avéré que Besançon est inhabitable. On perd le sang-froid, si nécessaire en pareille occurrence, et l'on se hâte de s'éloigner, comme si, à moins d'un isolement presque impossible à se créer d'ordinaire, on ne risquait pas de trouver les germes d'une autre maladie dans la localité choisie pour abri : la diphthérie à Baume-les-Dames, la scarlatine à Belfort, la fièvre typhoïde à Nancy, la variole à l'île de Jersey, etc. ; comme si encore, alors qu'on revient et qu'on se réacclimate, il n'y avait pas plus de chances de subir l'influence des maladies auxquelles on avait voulu se soustraire par la fuite !

Et cependant, à bien considérer les choses, on vit longtemps à Besançon. Barrey disait déjà : « La vie est longue dans l'arrondissement de Besançon ; j'ai trouvé, dans la ville chef-lieu, dix centenaires dans l'espace de vingt ans ; le terme moyen des morts de quatre-vingts à quatre-vingt-dix ans est de cinquante-huit pour chaque année, et de sept de quatre-vingt-dix à cent (1). » Je suis certain que nous compterions aisément dans le cercle de nos connaissances un nombre imposant d'octogénaires et même de nonagénaires. Sans sortir de notre corporation, nous pourrions trouver la preuve d'une longévité d'autant plus intéressante, que les médecins, par une ironie cruelle du sort, sont, à l'opposé des ecclésiastiques, les hommes dont la vie est la plus courte.

---

(1) BARREY, *loc. cit.*, page 16.

B) DES PRINCIPALES MALADIES QUI SÉVISSENT A BESANÇON.

Je diviserai en quatre groupes les maladies que présente
le plus fréquemment notre ville. Nous y trouvons des maladies: endémiques, endémo-épidémiques, épidémiques,
sporadiques.

1º Maladies endémiques.

Au sens littéral du mot, il n'existe pas à Besançon de
maladies spéciales à la localité; mais il existe d'une façon
permanente des affections que le climat et certaines conditions urbaines défectueuses favorisent peut-être, aggravent
presque sûrement, et qui donnent à la mortalité un accrois-
sement notable. Je veux parler de la tuberculose et du
rhumatisme.

a) Tuberculose. Deux formes importantes de la tuberculose sont notées dans les tableaux des décès : 1º la méningite tuberculeuse avec une moyenne de quarante; 2º la
phthisie pulmonaire avec une moyenne de deux cents. Si
nous ajoutons à ces chiffres les tuberculoses variées, en-
globées sous la dénomination d'affections chroniques ou mé-
langées avec les péritonites et le carreau, nous arriverons
aisément au chiffre de trois cents, que je considère comme
n'étant nullement exagéré. Or, la moyenne des décès à Besançon étant de 1,421 par an, nous arrivons à cette propor-
tion effrayante d'un tuberculeux au minimum sur cinq
morts.

Dès longtemps cette terrible affection a attiré l'attention
de certains de nos confrères. La Société de médecine de
Besançon a assisté notamment à la lutte de M. le docteur

Lebon contre M. le docteur Perron, qui prétendait pouvoir attribuer aux poussières de cuivre la phthisie rencontrée chez les horlogers. Elle a entendu le travail de M. le docteur Bruchon sur la contagiosité de la phthisie par la cohabitation, travail qui a eu le mérite d'établir ce que son auteur a appelé la transmissibilité de la tuberculose, alors que la question microbienne était loin de se présenter sous le jour lumineux où nous la voyons à présent.

Nul doute pour nous que la phthisie ne soit si répandue à Besançon que grâce aux changements brusques de température, à l'état hygrométrique de l'air, etc. Ces conditions favorisent l'apparition de bronchites qui fourniront au bacille d'abord un milieu favorable à sa vie et à sa reproduction, et ensuite une voie d'introduction dans l'organisme.

La scrofule ne se trouve pas signalée dans la statistique. Ses manifestations se rencontrent assez souvent à Besançon, mais à l'heure actuelle peut-être est-il tout à fait admissible de la mettre au rang des affections tuberculeuses, au moins quant à sa terminaison.

b) Rhumatisme. — Il est fâcheux que le chiffre des décès par rhumatisme articulaire aigu ne soit pas indiqué dans un paragraphe spécial ; mais à coup sûr il doit occuper une place importante dans le groupe des maladies désignées sous le nom de : *Autres affections aiguës*, dont la moyenne donne environ 175 décès. De plus, les maladies organiques du cœur font succomber environ 100 personnes par an. Or, les connaissances actuelles nous permettent de les rattacher d'une manière intime au rhumatisme en général. Je crois n'outrepasser aucunement la mesure du réel en admettant que le rhumatisme entraîne, directement ou par les altérations cardiaques consécutives, la disparition de 200 personnes à Besançon, soit une moyenne de 1/7,5.

Pour ma part, j'ai déjà vu un certain nombre de rhuma-

tismes articulaires aigus brusquement terminés par des
phénomènes cérébraux. J'ai assez fréquemment à soigner
des péricardites ou des lésions valvulaires qui ne reconnaissent pas d'autre origine.

Le rhumatisme musculaire est très fréquent, surtout à la
fin de l'automne et à la fin de l'hiver.

Le rhumatisme noueux compte quantité d'impotents à
son actif.

Ajoutons que l'existence plantureuse de la partie aisée
de la population et que l'usage de vins généreux agrémente
quelquefois certains rhumatismes de douleurs goutteuses,
mais que la goutte proprement dite n'exerce pas ici de sérieux ravages.

2º Maladies endémo-épidémiques.

A un moment donné, il existait incontestablement à Besançon deux maladies de cet ordre.

a) Fièvre typhoïde. — C'était d'abord la fièvre typhoïde
ou, si vous le préférez, le typhus abdominal. Alors que
j'étais étudiant, j'en voyais continuellement dans nos salles
d'hôpital, soit chez les civils, soit chez les militaires, des
cas nombreux et variés. On parle encore, en dehors des
recrudescences amenées par la guerre, de l'épidémie de
1873, qui se continua en 1874 et se termina en 1875. J'ai
toujours cru, je continue à croire et j'ai été du reste un
ardent promoteur de cette idée, que la disparition des eaux
stagnantes de Chamars, où se déversaient certains égouts
de l'hôpital Saint-Jacques, avait assaini considérablement
la ville. Ce qui prouve qu'il y avait là un foyer d'infection,
c'est que jusqu'en 1886 quelques cas seulement se sont
offerts à l'observation générale. J'avoue en toute sincérité que
depuis lors, c'est-à-dire pendant une période de dix ans,

la fièvre typhoïde est restée pour moi à peu près lettre morte.

On avait donc peu à peu oublié à Besançon cette cruelle
affection. Or, comme on s'habitue assez aisément à voir les
maladies régner dans un endroit, mais comme aussi on les
redoute davantage dès qu'elles ont fait une absence, l'apparition de fièvres typhoïdes assez nombreuses, arrivant après
une période d'accalmie marquée, devait naturellement jeter
l'alarme dans la population. L'inquiétude eût été moindre
cependant, si deux de nos confrères, dans un but excellent
en principe, mais discutable dans la pratique, n'avaient incri-
miné publiquement, l'un, l'eau d'Arcier (trinkwassertheorie),
l'autre, le sol (grundwasserstand), c'est-à-dire deux éléments
fondamentaux à considérer dans l'hygiène de notre ville.

Mais leurs opinions étaient-elles solidement assises? L'eau
alimentaire d'Arcier était-elle infectée? La nappe souter-
raine avait-elle, en diminuant de hauteur, permis aux
microbes d'évoluer et de se répandre dans l'air? Je ne me
livrerai pas aujourd'hui à une longue discussion; je me con-
tente de la provoquer, pour qu'elle ait lieu à brève échéance.
Je constaterai simplement d'abord que la recrudescence an-
noncée par un de nos confrères a très heureusement avorté,
et je me contenterai d'émettre ces quelques arguments :

1° A propos de l'eau d'Arcier. — L'épidémie de fièvre
typhoïde, si l'on veut interroger les médecins des Chaprais,
a commencé à l'extrémité de la banlieue, là où les eaux
d'Arcier n'arrivent pas (1). — Je puis affirmer et faire

---

(1) M. le docteur Perron me déclare en effet, dans deux lettres, que du
15 septembre à la fin d'octobre 1885, il a eu à soigner treize cas de cette
maladie, dont huit se trouvaient avenue de Fontaine-Argent. La recrudescence de 1886 me paraît être due à la propagation *intra muros* de la
maladie, les quartiers avoisinant cette avenue ayant été plus spéciale-
ment éprouvés, et mon confrère ayant continué à traiter la même affection de mois en mois jusqu'en juillet 1886.

affirmer par un de nos confrères que plusieurs personnes
d'une famille où l'on ne buvait que de l'eau bouillie ont
été atteintes de cette fièvre. Le bacille d'Eberth et de
Klebs, comme tous les autres, n'aurait-il pas été arrêté
par filtration s'il provenait des environs de Nancray? Et de
plus, peut-on admettre que ce microbe provienne de
matières en putréfaction? (Argument déjà indiqué par M. le
vétérinaire Picheney.)

2° A propos de la théorie de Pettenkofer. — En 1887, la
nappe d'eau a varié d'une façon beaucoup plus sensible peut-
être — je ne donne là que mon observation personnelle —
que pendant l'année 1886, et cependant nous n'avons pas
eu d'épidémie. — Je connais une maison à Besançon où, à
un instant donné, tout le sous-sol s'est trouvé imprégné
de matières fécales, un puits de fosse d'aisances s'étant
comblé peu à peu, et cependant il n'y a eu aucun cas de
fièvre typhoïde.

Je crois fermement à la transmission par l'eau d'alimentation et à l'influence de la hauteur de la nappe d'eau sou-
terraine, mais je considère que nous devons ne rien
hasarder en temps critique qui ne soit étayé sur des faits
inattaquables, et que l'exclusivisme en étiologie ne doit
être basé que sur des preuves péremptoires.

Aussi certains médecins se sont-ils abstenus d'entretenir
le public du rôle que pouvaient jouer, en ce cas, les bateaux
servant de dépotoir vers la porte Taillée; d'autres ont également gardé le silence, alors qu'ils croyaient pouvoir
expliquer par la contagion directe, — trop facilement
oubliée, — peut-être l'origine et presque sûrement la propagation de l'épidémie.

Peut-on aujourd'hui se refuser à admettre que les
microbes sont capables de garder pendant un temps considérable leur intégrité absolue, et qu'un homme qui n'est

pas en état de réceptivité les transporte fréquemment à d'autres plus disposés à en devenir les victimes? Peut-on nier que les objets envoyés à des distances énormes servent de support à ces infiniment petits si malfaisants? L'air ne peut-il disséminer ces germes? Que devient alors l'eau d'alimentation? Que devient la nappe d'eau à son tour?

Voyons d'ailleurs, et c'est un point sur lequel je tiens à insister, si la fièvre typhoïde mérite qu'on lui attribue, dans la mortalité à Besançon, un tel rôle qu'elle soit seule principalement visée à la fin de l'annuaire statistique et démographique.

Dans une période de douze ans comprise entre les deux épidémies de 1873 et de 1886, la moyenne des décès par fièvre typhoïde a été de quarante et un, soit un décès sur trente-cinq.

Or, ce chiffre ne saurait être considéré comme trop élevé dans une ville où tant de jeunes gens arrivent soit pour leurs études, soit pour leur service militaire, soit pour embrasser la profession industrielle du pays.

Encore faudrait-il faire la part des erreurs possibles de diagnostic, la méningite et la phthisie aiguë ne se différenciant pas toujours aisément du typhus abdominal. Mais j'en appelle dès à présent à vos rigoureuses et scrupuleuses observations, Messieurs, et j'ai la conviction que ce chiffre de quarante et un décès par an, suite de fièvre typhoïde, ne sera pas atteint, à moins de circonstances spéciales.

b) Fièvre intermittente. — Très fréquente autrefois, sinon comme maladie principale, du moins comme complication d'autres maladies, cette fièvre atteignait surtout les militaires dont les manœuvres se faisaient à Chamars ; elle envahissait l'hôpital Saint-Jacques, et se remarquait surtout dans la rue Neuve, aujourd'hui rue Charles Nodier.

Le bassin de Chamars a été comblé; la fièvre intermittente a diminué, mais Besançon, par sa grande quantité d'eau, restera longtemps sujet à cette affection, que du reste de grands mouvements de terrain ont pu entretenir. Néanmoins il faut le dire, quand cette maladie se présente, elle est généralement très bénigne. Rarement franche dans son allure, mêlée souvent, disons-nous, à des états pathologiques divers, son influence déguisée ne doit pas pour autant échapper dans nombre de cas au médecin praticien, sous peine de faire fausse route au milieu de décevantes hypothèses.

3o Maladies épidémiques.

a) *Fièvres éruptives.* — Les fièvres éruptives ne sont pas plus fréquentes à Besançon que dans d'autres centres même moins populeux. Si la rougeole et la scarlatine ont fait des ravages sérieux en 1887, du moins les autres années ont été très favorables sous ce rapport. De 1876 à 1880, la scarlatine n'a même pas amené un seul décès. Il serait bien difficile, dans l'état actuel de la science, d'incriminer la ville elle-même, car récemment ces affections ont été répandues sur toute la France, et Besançon ne sera pas accusé, je suppose, de leur avoir donné naissance. Nous serions, du reste, mal venus à vouloir faire le procès à une ville au sujet de maladies sur l'origine desquelles nous sommes absolument ignorants. Contentons-nous de conseiller les moyens probables d'en empêcher la propagation.

Si la variole en 1871, 1877, 1878 et 1885, a eu une intensité peu commune, d'ordinaire elle est presque nulle à Besançon, et d'ailleurs les premiers cas, si je ne me trompe, arrivaient du dehors à l'hôpital, et de là se répandaient parmi les individus non vaccinés ou non revaccinés. Ici le

préservatif est connu, mais l'incurie du public est telle
qu'une loi seule pourrait en avoir raison, alors surtout que
la vaccination par la génisse aura supprimé toute crainte
d'inoculation syphilitique.

b) Diphthérie. — Cette maladie a été de tout temps fort
rare en notre ville.

Je n'en veux pour preuve parmi les anciens ouvrages
que ce passage de Barréy :

« *Si le croup,* si la fièvre jaune ou toute autre maladie
qu'on ne rencontre pas fréquemment, eût fait cent victimes dans l'espace de quelques mois dans une ville comme
Besançon, l'alarme eût été générale, cependant, etc. [1]. »

Cette simple ligne d'un médecin militaire, notre compa-
triote, dont les études hygiéniques récentes sur Besançon
ne reflètent pas une sympathie bien vive pour notre cité,
corroborera la proposition que j'ai émise : « Chose singu-
lière, les affections diphthéritiques et puerpérales sont exceptionnelles à Besançon [2]. » Cet avis était aussi celui de M. le
professeur Chenevier : il est encore partagé par les vétérans
de notre section médicale.

L'annuaire statistique ne constate, du reste, que 23 angines couenneuses mortelles en 1873, 3 en 1874, 4 en
1875, aucune, et c'est alors trop peu, dans toutes les
années suivantes. Quant au croup proprement dit, il
occasionnerait en moyenne 19 décès par an : ce chiffre mo-
déré, eu égard à la population, semblera cependant trop
considérable à beaucoup d'entre nous, s'ils se reportent à
leurs souvenirs. Néanmoins, il faut admettre la possibilité
du groupement de cas d'angines couenneuses d'après une
loi encore mal établie, un de nos confrères ayant vu et

---

(1) BARREY, *loc. cit.*, p. 62.
(2) J. MEYNIER, *loc. cit.*, p. 62.

traité à lui seul plus de cent angines couenneuses dans une période assez restreinte (1).

c) L'érysipèle, assez fréquent, semble prendre naissance surtout par les temps humides et froids ; mais à peine trouve-t-on en moyenne dans notre ville cinq à six décès dus à cette cause. Il est bon de dire que si l'érysipèle tue peu, il compromet le résultat des opérations, et, à ce titre, mérite d'être sérieusement isolé.

d) La coqueluche ne cause généralement de mortalité que chez les enfants très jeunes. Il faut croire qu'il s'agit ici d'une quantité négligeable, puisque l'annuaire statistique, tout en la mentionnant à la deuxième page du rapport comme une des causes principales d'augmentation des décès, ne lui donne pas une place spéciale dans le tableau, où cependant l'érysipèle figure.

e) La suette, si redoutée et si redoutable sur les bords de l'Ognon, est presque inconnue parmi nous.

f) La grippe, dont on fait grand cas dans certains endroits, est traitée avec trop de dédain peut-être par notre population, qui resterait impassible, cela le prouve, en face de sérieux dangers si on ne prenait à tâche de la rendre craintive.

g) Le choléra asiatique, qui a fait tant de ravages dans notre province en 1854, nous a à peine effleurés à cette époque et nous a totalement épargnés depuis lors. Pourrait-on admettre qu'aujourd'hui il trouverait un asile plus propice dans notre ville ?

h) Le goitre a pu se rencontrer à Besançon d'une façon endémique. Mes observations ne me font pas conclure à une fréquence réelle de cette affection. Naturellement on en

---

(1) Adolphe MERCIER, Angine couenneuse (Croup), etc. — Besançon, Imprimerie franc-comtoise, 1887.

a cherché l'origine dans les eaux et dans l'air. M. le docteur Saillard, dans sa thèse sur le goître épidémique, qu'il a observé à la citadelle de Besançon, tend à admettre comme cause efficiente un miasme inconnu invoqué par Tourdes et Virchow et qui, suivant la constitution de la localité, serait endémique ou deviendrait épidémique.

i) Jusqu'à ce jour la *syphilis* grave a été peu accusée à Besançon. J'ai eu occasion cependant de constater quelques cas de mort par accidents de cet ordre. Mais quand il s'agit d'une affection si éminemment voyageuse, peut-on ne s'occuper que des décès ? Ne vaudrait-il pas mieux établir une statistique hospitalière ? Or, je doute que celle-ci ait jamais été publiée, et je laisse à qui de droit le soin d'étudier cette importante particularité.

4º Maladies sporadiques.

Le rôle de l'hygiéniste est ici forcément limité. Cependant je profiterai de ce paragraphe pour appeler l'attention sur des maladies qui sont peut-être moins individuelles et moins localisées qu'on ne pense. Je veux parler de la *bronchite*, qui amène 55 décès; de la *pneumonie*, fièvre pneumonique de Peter, qui en occasionne 95; de la *diarrhée des enfants*, qui en enlève 18 s'ils sont élevés au sein et 83 s'ils sont nourris au-biberon, et de la *cholérine*, qui provoque 27 morts par an.

Remarquons en passant que l'apoplexie cérébrale amène 57 terminaisons fatales.

La chirurgie n'a pas à déplorer de trop nombreux désastres.

Les causes accidentelles enfin n'ont guère que trois décès à enregistrer.

III.

Statistique comparée des causes des décès et moyens à employer pour en faire disparaître ou en atténuer les effets.

Nous avons toutes pièces en mains pour établir les vraies causes de la mortalité à Besançon durant les quatorze dernières années. La tuberculose vient en première ligne avec une moyenne de 300 cas. Viennent ensuite le rhumatisme avec les altérations cardiaques qui en dérivent (200 cas environ), la diarrhée des enfants (101), la pneumonie (95), l'apoplexie cérébrale (57), puis, sur la même ligne, la bronchite aiguë et la fièvre typhoïde (54), la variole (35) et la cholérine (27).

La rougeole n'apporte qu'un contingent de 13, et la scarlatine de 3.

En présence de ces chiffres, je constate d'abord que la mort frappe à Besançon avec les mêmes armes aujourd'hui qu'au commencement de ce siècle.

« Les variations de l'atmosphère, dit en effet Barrey, sont extrêmement brusques, à raison des montagnes qui nous avoisinent et de celles qui se trouvent dans notre arrondissement ; il n'est pas rare de voir le thermomètre varier de 10 à 12° dans un jour. Aussi les affections catarrhales sont presques continues, la phthisie est commune, et quelquefois elle parcourt ses périodes avec une rapidité étonnante ; les asthmes sont aussi fréquents ; les rhumatismes aigus et chroniques, les ophthalmies, les apoplexies et les paralysies, la goutte, sont les affections les plus générales [1]. »

Je résume ensuite, Messieurs, les idées que j'ai eu l'honneur de vous soumettre. La ville de Besançon, j'espère l'avoir démontré, n'est par elle-même la cause d'aucune évolution morbide favorisée par des fautes lourdes contre l'hygiène publique.

Comme partout, dans l'Est, où de brusques variations météorologiques viennent modifier et la pression et l'état hygrométrique, et la température de l'air, il y a des phthisies et des rhumatismes, et ceux-ci mêmes doivent, j'en conviens, à l'humidité entretenue par les crues inévitables du Doubs et non par le sol, qui est sec, une certaine intensité qu'en somme l'hygiène privée peut vaincre plus aisément que ne le ferait l'hygiène publique.

Comme partout sévissent, avec rigueur et ténacité parfois, les fièvres éruptives.

Comme dans tous les centres, il se trouve quelques fièvres typhoïdes bien rares en réalité aujourd'hui.

La diphthérie et les maladies puerpérales sont toujours aussi accidentelles que jadis.

Envisagée de cette façon, la mortalité à Besançon ne se présente plus avec ce caractère effrayant d'être due à des causes occultes contre lesquelles on ne sait comment se garer, mais de maladies bien définies dont l'hygiène peut souvent empêcher la propagation ou faciliter la guérison.

Or, je vous le demande en toute conscience, si la ville de Besançon ne doit sa grande mortalité qu'à la phthisie et au rhumatisme, devons-nous la classer parmi les villes insalubres?

N'aurions-nous pas à craindre qu'on vînt, à juste titre, nous reprocher de soumettre à nos édiles des questions de

---

[1] BARBEY, loc. cit., p. 12.

détail au lieu de leur montrer le point capital de la mortalité?

Certes, je serai toujours avec ceux qui cherchent à obtenir le plus de propreté dans les rues et les habitations,
sur le sol et dans les fosses et les égouts. Mais, je le répète,
ce n'est là qu'une affaire secondaire quand on se rend
compte des proportions énormes de morts par la tuberculose, le rhumatisme et la pneumonie dont l'apparition est
due incontestablement à l'influence climatérique. Aussi,
Messieurs, comme tout article médical a pour terminaison
naturelle un paragraphe d'hygiène ou de thérapeutique,
j'essaierai de formuler les meilleurs moyens à employer
pour obtenir une diminution de la mortalité dans notre
ville.

Il est nécessaire, à mon avis, de faire concourir à ce résultat l'hygiène publique et l'hygiène privée, mais principalement cette dernière.

1° *Hygiène publique.* — Rappeler sans cesse aux admi-
nistrations intéressées la nécessité de tenir la ville dans un
état de propreté non pas approximative, mais rigoureuse ;
d'exiger des fosses étanches dans toutes les maisons; de
réformer au moins le système de fermeture des égouts.

Mais avant tout, demander des salles d'isolement dans
les hôpitaux pour toutes les maladies contagieuses, et faire
surveiller dans les asiles, écoles, lycées, collèges, etc., le
début des maladies ou la réintégration des malades. L'isolement! Quel médecin ne l'a demandé en se basant sur des
observations suivies! « J'ai observé, dit encore Barrey, plusieurs épidémies qu'on aurait pu arrêter dès le principe en
séquestrant les malades (1). »

Tant qu'une loi spéciale n'aura pas été promulguée au

_____

(1) BARREY, *loc. cit.*, p. 23.

sujet des maladies épidémiques, délivrant le médecin du secret professionnel au moins dans une certaine limite et obligeant la famille ou l'individu à accepter une hospitalisation spéciale jusqu'à complète guérison, cette mesure si sage, si prudente, si utile, ne sera jamais prise d'une façon réellement efficace, et l'on continuera à se leurrer d'un mot sans avoir le bénéfice de la chose.

2° *Hygiène privée.* — Le reste appartient à l'hygiène privée dirigée par le médecin de la famille. Il faut que dorénavant l'idée de la contagiosité en général et de celle de la phthisie en particulier pénètre dans les esprits avec toutes les précautions requises pour ne pas semer la terreur et ne pas priver les malades si intéressants qui en sont atteints des soins affectueux dont ils ont besoin. Il faut que les familles sachent combien ce qu'on appelle encore le rhume négligé est chose grave d'après nos vieilles traditions et d'après nos découvertes récentes; combien les soins de propreté sont nécessaires autour des tuberculeux; combien le mariage est dangereux non seulement pour le phthisique lui-même, mais même pour l'autre conjoint.

Le médecin devra en outre s'efforcer de faire entrer dans l'habitude l'usage de la flanelle sur tout le corps, ou au moins sur le tronc et les membres supérieurs; de vêtements toujours un peu plus chauds que ne semble le comporter la saison, pour éviter à la fois les bronchites, les pneumonies, les pleurésies et les rhumatismes. Il aura à détruire ces idées fausses, encore si en vigueur, que la rougeole n'est guère contagieuse qu'à son déclin, et qu'il est bon d'y exposer les enfants, parce que la maladie est plus grave chez l'adulte.

Il s'efforcera de faire vacciner les enfants de bonne heure, et, tout en s'adressant à l'occasion au vaccin de génisse, de répandre le vaccin par inoculation de bras à bras; cette dernière méthode ayant pour elle la sanction d'un siècle d'expérience.

Après les fièvres éruptives, il songera à la balnéation et à la désinfection de la literie et des locaux.

Si j'énumère rapidement quelques-uns des moyens connus de vous tous et si couramment employés dans vos services ou votre clientèle, c'est pour mieux établir, en finissant, que de l'hygiène particulière dépend surtout l'amélioration de la santé publique dans notre cité, et pour répondre à la troisième question que je me proposais d'élucider.

Conclusions.

Comme conclusions de ce travail je crois pouvoir formuler ces trois propositions :

1° La ville de Besançon n'est point insalubre en tant que ville; mais les vicissitudes atmosphériques qu'elle subit peuvent prédisposer ses habitants à des maladies contre lesquelles l'hygiène privée est suffisamment armée, mais néglige trop de se servir des moyens qu'elle a à sa disposition.

2° Les maladies contagieuses proprement dites n'y sont nullement plus fréquentes qu'ailleurs. La mortalité y est occasionnée surtout par les affections rhumatismales, dues au climat, et par la tuberculose, dont la transmissibilité est aujourd'hui généralement admise.

3° L'hygiène publique y est satisfaisante, comparativement à ce qu'elle était il y a vingt ans seulement; elle a cependant beaucoup d'améliorations à effectuer encore avant d'être arrivée au niveau désirable ; mais c'est surtout à l'hygiène privée qu'il appartient d'abaisser le chiffre de la mortalité.

Tel est, Messieurs, le résultat de mes observations et de mes réflexions. Je pense ne pas m'être trop éloigné de la vérité. Le passé m'a servi de point d'appui, l'avenir consolidera sans doute mes affirmations.

Du reste, le présent est là pour aider, ce semble, à ma démonstration. Le nombre restreint de malades que chacun de nous accuse à cette période de l'année, d'ordinaire si féconde en cas pathologiques de tous genres, est un indice heureux et certain de l'état sanitaire satisfaisant de notre population.

BESANÇON. — IMPRIMERIE ET LITHOGRAPHIE DE PAUL JACQUIN.

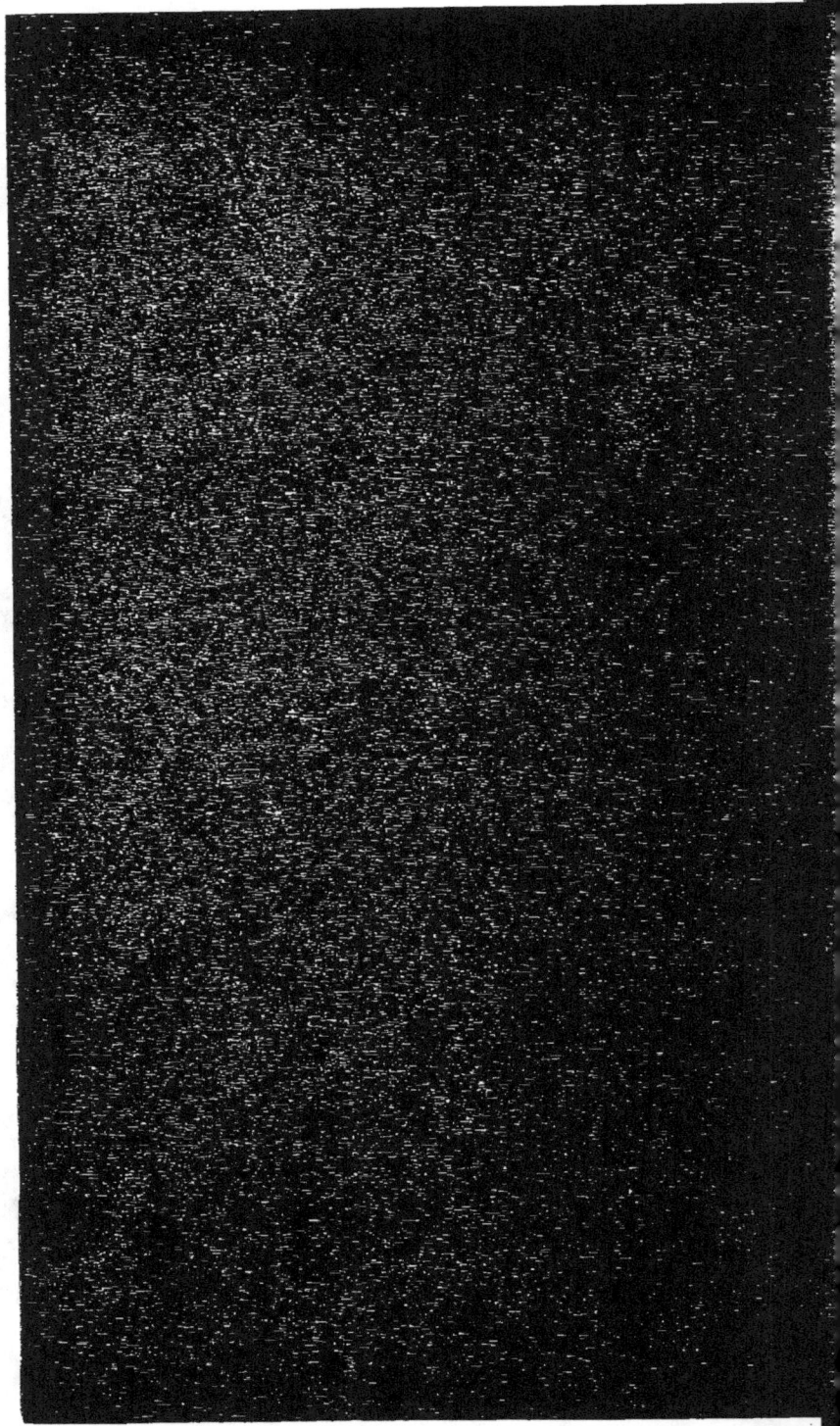

www.ingramcontent.com/pod-product-compliance
Lightning Source LLC
Chambersburg PA
CBHW060803280326
41934CB00010B/2536